FLATBUSH 69

A STORY FOR CHILDREN

UNE HISTOIRE POUR ENFANTS

WRITTEN BY

MARGARET SYLVESTRE FORD

ILLUSTRATED BY

DINA DAY

ISBN-13:978-1461039907
ISBN-10:1461039908

To my parents Henri and Claire (Ferrari) Sylvestre for
taking me on this tremendous adventure

A mes parents Henri et Claire qui m'ont
introduit à cette aventure incroyable

Special thanks to my cousin Leslie Jacques
who helped with the French translation

Grand merci à mon cousin Leslie Jacques
qui m'a aidé à corriger la traduction française

It was July 1969 when Frank and Marise came to New York to join their mother, father and older sister, Michele. Frank was thirteen and Marise seventeen. Michele was eighteen.

En juillet 1969 Frank et Marise entrèrent à New York pour rejoindre leur mère, père et grande sœur, Michele. Frank avait treize ans, Marise dix-sept ans et Michele dix-huit ans.

Many cousins came from Boston to welcome them. The subway ride was incredible, an adventure in itself.   It was like being on a rollercoaster. Crashing at any moment seemed imminent!

Beaucoup de cousins sont venus de Boston pour leur souhaiter la bienvenue.   Le tour en métro était incroyable, une vraie aventure. C'était comme une montagne russe qu'une collision semblait imminente à n'importe quel moment!

3

Marise, Michele and her best friend Marlene often walked to the ice cream shop on the corner of Flatbush and Carlton. An ice cream cone cost twenty-five cents then. Strawberry was the best flavor.

Marise, Michele et sa meilleure Amie Marlène souvent marchaient jusqu'à la boutique de crème glacée au coin de Flatbush et Carlton. A cette époque un cône de crème glacée coûtait vingt- cinq centimes là. La crème de fraise avait le meilleur goût.

On Saturdays the young people walked to Carlton and Flatbush Ave. There a group of Haitian youths congregated.

Je me rappelle tous les samedis beaucoup de jeunes haïtiens donnaient rendez-vous à Carlton et Flatbush Avenue.

Michele and Marise did a lot of shopping at Carter's Discount. It was always packed with affordable clothing.

Michele et Marise achetaient beaucoup de vêtements à Carter's Discount. Ce magasin était toujours emballé de vêtements à prix abordables.

The first time Marise saw pizza she was horrified. Michele bit into her slice with such pleasure. "It must be good." thought Marise. They sold pizza by the slice then from a window that opened onto a busy avenue.

La première fois que Marise vit un pizza elle fut horrifiée. Michele mangeait sa tranche avec tant de plaisir. Marise pensa: "Ça doit être délicieux." A cette époque on vendait des tranches de pizza d'une fenêtre ouverte sur une avenue très fréquentée.

On Sundays the whole family attended Saint Augustine Catholic Church. Father Smith Jeannot celebrated the Haitian mass. His altar boy was Gérald Dumont.

Les dimanches toute la famille assistait à la messe à l'église Saint Augustin. Le Père Smith Jeannot célébrait la messe haïtienne. Son enfant de chœur était Gérald Dumont.

A nice diversion was to ride the subway from the 7th Ave line to Manhattan to walk by Rockefeller Center. Behind the skating rink was a French bookstore called "Librairie de France" where books and records were available for purchase.

Une bonne excursion était d'aller en métro sur la ligne de septième avenue à Manhattan pour voir Rockefeller Center. Derrière la patinoire il y avait une librairie française nommée "Librairie de France" où on pouvait acheter des livres et des disques.

15

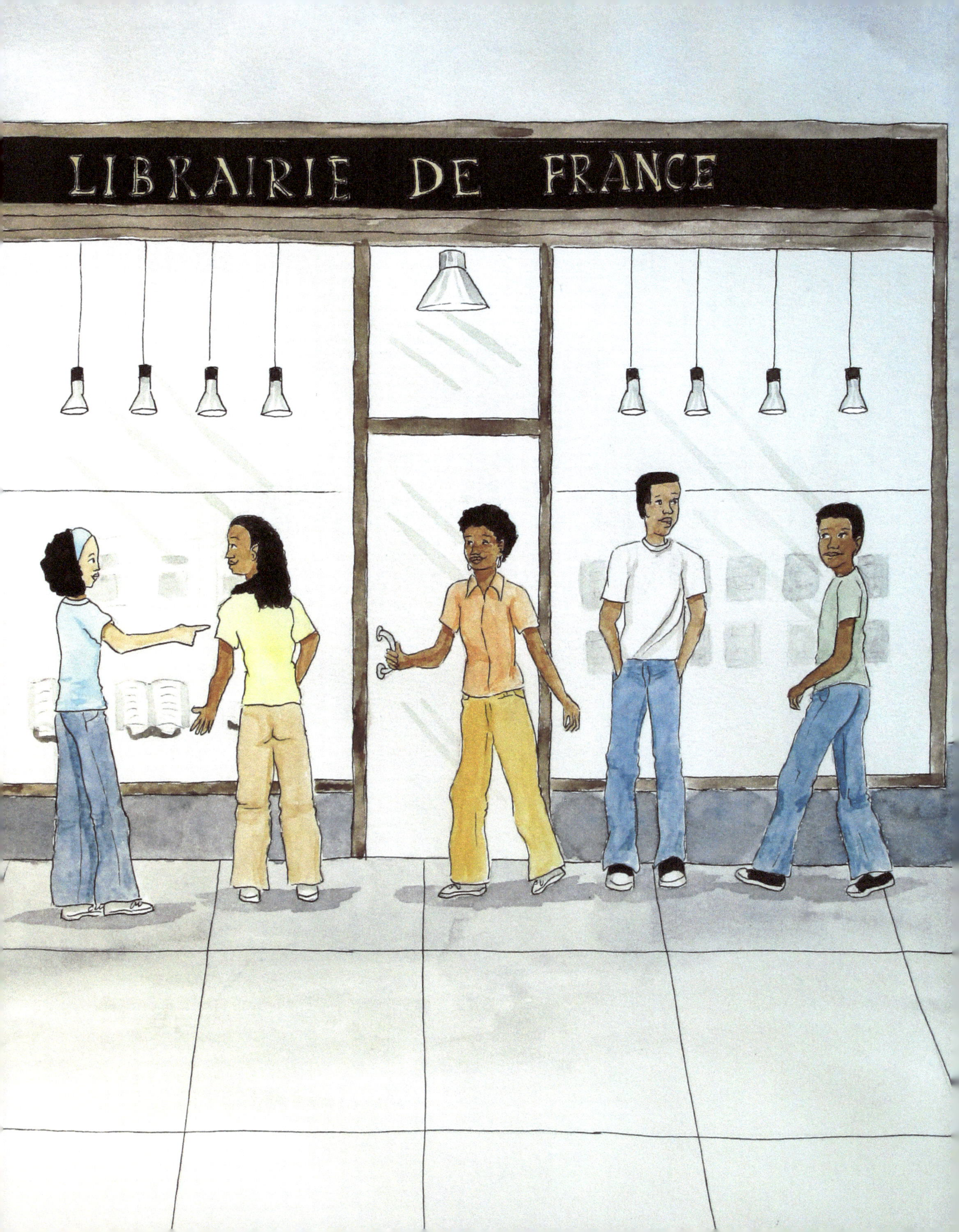
LIBRAIRIE DE FRANCE

Marise and Michele shopped for groceries at the A&P. They loaded their food into a small cart and wheeled it back to the apartment.   The challenge was carrying the cart to the fourth floor.

Marise et Michele faisaient des course à A & P. Elles mettaient leurs aliments dans un petit panier à quatre roues et le poussaient jusqu'à l'appartement. Monter ce panier au quatrième étage était l'une des choses les plus difficiles.

A pleasant Sunday afternoon outing was a long walk to Prospect Park pass Grand Army Plaza. Behind the Public Library was a store where sterling silver jewelry was sold. Michele loves rings. She wore one ring on each finger.

Une belle promenade dominicale était une longue marche à Prospect Park en passant par Grand Army Plaza. Derrière la Bibliothèque Publique il y avait une boutique où l'on vendait des bijoux en argent sterling. Michele adore les bagues; elle portait une bague dans chaque doigt.

Reading Comprehension

1. Where are Frank and Marise from?
2. What did the young people do on Saturdays?
3. What church did they attend?
4. Why do you think Michele likes rings?
5. Do you think it was difficult for the children to readjust to their parents?
6. If you had to move to another country what would your experience be like?
7. How difficult would it be for you to learn a new language?
8. Why do you think Marise did not like pizza?
9. Have you visited another country and tasted strange food?
10. What will be Marise and Frank's greatest challenge?

Questions pour la lecture

1. De quel pays sont Frank et Marise?
2. Que faisaient ces jeunes les samedis?
3. Quelle église fréquentaient-ils?
4. Selon toi pourquoi Michele aime-t-elle les bagues?
5. Penses-tu qu'il était difficile pour les enfants de se réadapter à leurs parents?
6. Si tu allais vivre dans un autre pays quelle serait ton expérience?
7. Serait-il difficile d'apprendre une autre langue?
8. Pourquoi Marise n'aime-t-elle pas les pizzas selon toi?
9. As-tu déja visité un pays étranger et goûté leur nourriture?
10. Quelle sera la plus grande épreuve de Marise et Frank?

www.ingramcontent.com/pod-product-compliance
Lightning Source LLC
Chambersburg PA
CBHW060825290526
45792CB00005BB/1797